Janine Böhlke

Möglichkeiten und Grenzen der Therapie bei Essstörungen

GRIN Verlag

Bibliografische Information der Deutschen Nationalbibliothek:

Die Deutsche Bibliothek verzeichnet diese Publikation in der Deutschen National-
bibliografie; detaillierte bibliografische Daten sind im Internet über http://dnb.d-
nb.de/ abrufbar.

Impressum:

Copyright © 2008 GRIN Verlag GmbH
Druck und Bindung: Books on Demand GmbH, Norderstedt Germany
ISBN: 978-3-638-93694-1

Dieses Buch bei GRIN:

http://www.grin.com/de/e-book/88561/moeglichkeiten-und-grenzen-der-therapie-
bei-essstoerungen

Referats Prüfung

- Lernbereich III -

„Möglichkeiten und Grenzen der Therapie bei Essstörungen"

Inhaltsverzeichnis

Möglichkeiten und Grenzen der Therapie bei Essstörungen

1. Einleitung

Was ist alltäglicher als essen? Essen ist eines der natürlichsten und selbstverständlichsten Bedürfnisse der Menschen. Jedoch ist die Nahrung für den Menschen auch essentiell lebensnotwendig. Obgleich es das Natürlichste und Lebensnotwendigste der Welt ist, haben viele Menschen in der heutigen Zeit ein Problem mit Essen. Da immer mehr Menschen unter Essstörungen leiden hat dieses Thema zunehmend an Bedeutung gewonnen. Auch die BZgA beschäftigt sich mit diesem Thema. In ihrem Leitfaden für Eltern, Angehörige, Partner, Freunde, Lehrer und Kollegen wird die Essstörung in drei Krankheitsbilder unterteilt, die Anorexia nervosa (Magersucht), die Bulimia nervosa (Ess-Brech-Sucht) und die Binge-Eating-Disorder. Die Betroffenen unterscheiden sich beachtlich in ihrem äußeren Erscheinungsbild, jedoch haben sie eines gemeinsam, dass das Essen zu einen erheblichen psychosomatischen Problem geworden ist. Das Essen dominiert das Leben dieser Betroffenen.[1] Auch bei einer anderen Form spielt das Essen eine große Rolle, allerdings wird diese bei der BZgA nicht genannt. Es handelt sich hierbei um Adipositas, was als deutlich über Alters- und Geschlechtsnorm liegendes Körpergewicht bezeichnet wird. Adipositas ist „definitionsgemäß keine Essstörung und auch nicht zwangsläufig mit pathologischem Essverhalten verbunden. Jedoch nimmt auch hier die Zahl der Menschen zu, die darunter leiden. Doch wieso leiden so viele Menschen an Essstörungen und Übergewicht und wie werden sie therapiert? Dieses Referat zielt darauf ab, die einzelnen Formen darzustellen und zu erläutern, sowie die Möglichkeiten und Grenzen der Therapien darzustellen.

1.1 Epidemiologie

Essstörungen sowie starkes Übergewicht findet man in allen Altersspannen. Die Zahlen nehmen jedes Jahr weiter zu. So liegt laut Statistik die Inzidenz für Anorexia nervosa bei 0,5-1,5% und für Bulimia nervosa bei 1-5%. Auch die Häufigkeit von Adipositas nimmt laut regionaler Untersuchungen in Deutschland immer mehr zu. Derzeit sind ca. 10-18% der Kinder und Jugendlichen übergewichtig, wovon wiederum 4-8% adipös sind. Die Zahlen belaufen sich auf ca. 500.000-1.000.000

---

[1] Vgl. Bundeszentrale für gesundheitliche Aufklärung, „Essstörungen – Leitfaden für Eltern, Angehörige, Partner, Freunde, Lehrer und Kollegen", BZgA Köln

4

Betroffene.[2] Die Krankheitshäufigkeit von Binge-Eating beläuft sich in der Bevölkerung auf 0,7-4%.[3] Anhand dieser Zahlen wird deutlich, dass viele Menschen ein Problem mit dem Essen haben. Allerdings treten die verschiedenen Essstörungen, sowie die Adipositas in verschiedenen Altersstufen auf. So hat etwa die Anorexia nervosa ihren Schwerpunkt zwischen dem 12. und 30. Lebensjahr,[4] wogegen die Bulimia nervosa zwischen dem 18. und 35. Lebensjahr durchschnittlich liegt. Die Ersterkrankung an Binge-Eating häuft sich zwischen dem 20.-30., sowie zwischen dem 45. und 54.Lebensjahr.[5] Die Adipositas tritt sowohl im Erwachsenenalter als auch im Kindes- und Jugendalter erstmals auf. Vermehrt sind allerdings Jungen betroffen.[6]

In der heutigen Zeit haben auch vermehrt Jungen bzw. Männer Essprobleme. Früher war dies eher eine typische Frauenerkrankung. Genauere Daten sind jedoch nicht bekannt. Bei den Essstörungen geht man von einer hohen Dunkelziffer aus.

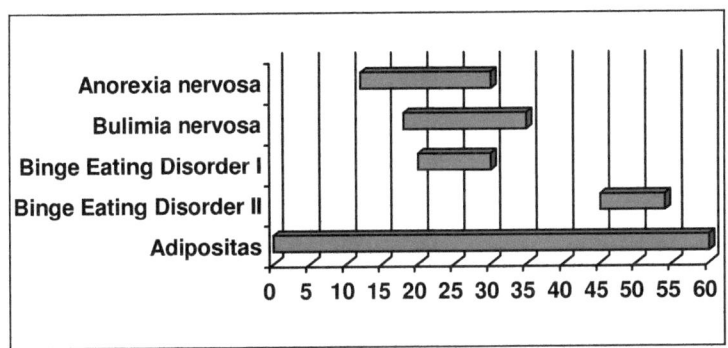

Abbildung [7]

---

[2] Vgl. Stier und Weissenrieder, „Jugendmedizin – Gesundheit und Gesellschaft", Springer Verlag, Heidelberg 2006, Seite 220ff
[3] Vgl. Ina Nass, „Bulimie im Jugendalter – Ursachen, Folgen und Präventionsmaßnahmen", VDM Verlag Dr. Müller, Saarbrücken 2007, S.11
[4] Vgl. Stier und Weissenrieder, „Jugendmedizin – Gesundheit und Gesellschaft", Springer Verlag, Heidelberg 2006, Seite 220
[5] Vgl. BZgA, „essstörungen…was ist das?", www.bzga-essstoerungen.de
[6] Vgl. Warschburger, Petermann, Fromme, „Adipositas – Training mit Kindern und Jugendlichen", Beltz Verlag, Basel 2005, S.5
[7] selbst erstellte Darstellung

2. Formen der Essstörung

2.1 Anorexia nervosa

Die am längsten bekannte Essstörung ist die Anorexia nervosa. Wörtlich übersetzt bedeutet Anorexie „Appetitlosigkeit, Appetitverlust oder – verminderung". Hierbei handelt es sich um eine irreführende Bezeichnung, da nicht der Appetit, sondern in erster Linie das Essverhalten gestört ist. Der Zusatz "nervosa" weist auf die psychischen Ursachen dieser Essstörung hin.

Die Anorexia nervosa ist charakterisiert durch absichtlich selbst herbeigeführten oder aufrechterhaltenen Gewichtsverlust.[8]

Das Krankheitsbild der Anorexia nervosa wurde erstmals 1873 beschrieben. Aber erst seit den 1970er Jahren wird die Diagnose häufiger gestellt – ob dies an einer vermehrten Häufigkeit oder an der größeren Aufmerksamkeit für das Thema liegt, ist unklar.

Bei der Anorexia nervosa unterscheidet man zwischen „restriktiver-Typ" und „binge-purging-Typ". Der restriktive Typ weigert sich hartnäckig, Nahrung zu sich zu nehmen und therapeutische Angebote anzunehmen. Da ca. 60% der Magersüchtigen öfter Heißhungeranfälle haben, bei denen alles verschlungen wird, was sonst „verboten" ist, um es dann wieder zu erbrechen, wurde der binge-purging-Typ eingeführt.[9]

2.2 Bulimia nervosa

Der klassische Nachfolger der Anorexia nervosa ist die Bulimia nervosa. Sie ist aber auch ein eigenständiges Krankheitsbild. Seit 1980 ist die Bulimie oder auch „Ess-Brech-Sucht" genannt, als eigener Krankheitsbegriff bekannt (Russell). Es ist die weiblichste aller Essstörungen und die am häufigsten verheimlichte. Jedoch fällt sie am wenigsten auf, da das Gewicht der Patienten im Normbereich liegt.

Der übersetzte Begriff für Bulimie lautet „Stierhunger". Menschen mit einer Bulimie haben regelmäßig Fressanfälle und verschlingen so in kürzester Zeit eine riesige Menge an kalorienreichen Nahrungsmitteln (ca. 3000-4000 kcal pro Essanfall / Kuchen, Eis, Nudeln, Frikadellen, Marmeladenbrote usw. gelten normal als „verbotene Speisen"). Da sie jedoch krankhaft Angst davor haben nach diesen

---

[8] Vgl. Bundeszentrale für gesundheitliche Aufklärung, „Essstörungen – Leitfaden für Eltern, Angehörige, Partner, Freunde, Lehrer und Kollegen", BZgA Köln

[9] Vgl. Gudrun Dörflinger, „ Essstörungen und die Notwendigkeit einer Therapie", VDM Verlag Dr. Müller, Saarbrücken 2007, S. 8

Fressattacken zuzunehmen führen sie selbst induziertes erbrechen herbei. Häufig wird hierbei der Gebrauch von Abführmitteln zur Hilfe genommen.[10]

Die Bulimie wird von Gerlinghoff in zwei Typen unterteilt. Zum einen in den „Purging–Typus", der erbricht und entwässernde oder abführende Mittel zu sich nimmt, und zum anderen in den „Non-Purging-Typus", bei dem auf andere Weise wie z.b. durch Fasten oder übermäßiger Sport, eine Gewichtszunahme vermieden werden soll.

2.3 Binge-Eating-Disorder

Diese Form der Essstörung wird zurzeit intensiv erforscht. Der Begriff stammt aus dem Englischen und bedeutet: To binge = etwas in sich hinein kippen.[11] Es handelt sich also um einen Begriff, der im Zusammenhang mit exessiven Trinken gebraucht wird. Daher kann Binge-Eating auch „Essen wie ein Besäufnis" bedeuten. Dies sagt bereits viel über die Natur der Binge Eating Störung aus und deutet ihre Nähe zu den Suchterkrankungen an.

Regelmäßige Essanfälle, welche überwiegend ohne die Kompensation durch bulimische Verhaltensweisen ablaufen, sind typisch für das Binge-Eating. Auch tritt das Binge-Eating häufig in Verbindung mit Adipositas auf.

Der Begriff der Binge Eating Disorder wurde erstmals 1959 geprägt. Als eigenständige Diagnose gibt es ihn in den USA erst seit 1994.[12]

2.4 Adipositas

Adipositas lässt sich gegenüber Binge-Eating-Disorder und Bulimie abgrenzen. Es kann aber auch infolge einer Essstörung auftreten. Einige adipöse Menschen leiden unter Essstörungen (vor allem Binge-Eating-Disorder).

Adipositas ist keine Essstörung. Sie liegt vor wenn der Körperfettanteil an der Gesamtkörpermasse pathologisch erhöht ist. Ab einem Body-Maß-Index (BMI), der sich als allgemeines Maß zur Beurteilung des relativen Gewichts durchgesetzt hat, von 30 werden die Betroffenen als adipös bezeichnet. Adipositas tritt sowohl im Erwachsenenalter als auch im Kindes- und Jugendalter erstmals auf. Vermehrt sind allerdings Jungen betroffen (Mädchen sind eher Untergewichtig).

Es gibt zwei unterschiedliche Typen von Adipositas.

Die abdominale Adipositas (eher männlich), der androide Typ, ist durch die zentrale bzw. stammbezogene Fettverteilung gekennzeichnet. Da das Fett hierbei

---

[10] Vgl. Bundeszentrale für gesundheitliche Aufklärung, „Essstörungen – Leitfaden für Eltern, Angehörige, Partner, Freunde, Lehrer und Kollegen", BZgA Köln
[11] Vgl. Bundeszentrale für gesundheitliche Aufklärung, „Essstörungen – Leitfaden für Eltern, Angehörige, Partner, Freunde, Lehrer und Kollegen", BZgA Köln
[12] http://www.onmeda.de/krankheiten

innerhalb des Bauchraumes liegt und sich um die Organe verteilt, wird diese Form auch umgangssprachlich „Apfelform" genannt. Auf der anderen Seite steht **die periphere Adipositas (weibliche Form)**, der gynoide Typ. Diese ist durch eine periphere Fettverteilung gekennzeichnet: die überwiegende Masse des Körperfettes ist um die Oberschenkel, Hüften und dem Gesäß verteilt. Umgangssprachlich spricht man dabei auch von der „Birnenform".

Betrachtet man die Analyse der Adipositas getrennt nach Frauen und Männern (in der Bundesrepublik Deutschland), so fällt folgendes auf: Deutlich mehr jüngere Männer als Frauen sind adipös, während ein BMI von mehr als 30 kg/m² vor allem bei älteren Frauen vorkommt. Fast 70% aller 30 bis 50jährigen Männer weisen eine leichte bis ausgeprägte Fettleibigkeit auf, deren Spätfolgen sich dann im Alter manifestieren.

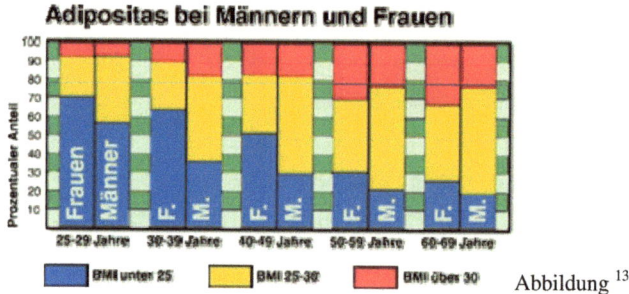

Abbildung [13]

3. Diagnostische Kriterien

3.1   DSM – IV

DSM – IV bedeutet: **D**iagnostic and **S**tatistical Manual of **M**ental Disorders (Diagnostisches und Statistisches Handbuch Psychischer Störungen) und ist ein nationales Klassifikationssystem.

Die Diagnose für Anorexia nervosa erfordert vier Kriterien. Diese sind:

- Das Minimum des normalen Körpergewichtes, welches für Alter und Körpergröße angemessen wäre, wird abgelehnt. Es kommt zu Unterschreitungen des Normalgewichtes von mindestens 15%.
- Obwohl bereits Untergewicht besteht, sind ausgeprägte Ängste vor einer Gewichtszunahme vorhanden.

---

[13]http://www.roche.de/pharma/indikation/adipositas/hgi_06.htm?sid=e84d6704902bb52659c7b689f03ff ca8

- Die Wahrnehmung der eigenen Figur und des Körpergewichts ist gestört. Die Selbstbewertung bezieht sich immer auf Körpergewicht oder Figur. Der Schweregrad des bestehenden geringen Körpergewichts wird verleugnet.
- Ausbleiben der Regelblutung (Amenorrhoe).[14]

- Folgende Kriterien sind laut dem DSM – IV erforderlich um die Bulimia nervosa zu definieren:
- Wiederholte Episoden von „Fressanfällen".
- Wiederholte Anwendung von unangemessenen, einer Gewichtszunahme entgegensteuernden Maßnahmen.
- Fressattacken und das unangemessene Kompensationsverhalten treten drei Monate lang im Durchschnitt zweimal pro Woche auf.
- Figur und Gewicht haben einen großen Einfluss auf die Selbstbewertung.
- Es tritt nicht ausschließlich im Verlauf von Episoden der Anorexia nervosa auf.[15]

Diagnosekriterien für das Binge – Eating lauten:

- Es kommt zu wiederholten Episoden von Essanfällen.
- Mindestens drei Symptome wie schneller essen als normal, essen bis zu einem unangenehmen Völlegefühl etc. treten gemeinsam mit den Essanfällen auf.
- Wegen der Essanfälle besteht ein deutliches Leiden.
- Durchschnittlich müssen die Essanfälle an mindestens zwei Tagen pro Woche für sechs Monate auftreten.
- Auf die Essanfälle folgen keine regelmäßigen unangemessenen kompensatorischen Verhaltensweisen.[16]

Die Adipositas ist nicht in den DSM IV aufgenommen worden, da sie mit psychischen oder Verhaltenssyndromen nicht widerspruchsfrei verknüpft sei.[17]
Laut verschiedener Ansichten handelt es sich hierbei um keine Ess-, sondern vielmehr um eine Gewichtsstörung.[18]

---

[14] Vgl. Jürgen Beushausen, „Essstörungen und Multiple Süchte", Wissenschaftlicher Autorenverlag KG, Leer 2004, S. 93
[15] Vgl. Jürgen Beushausen, „Essstörungen und Multiple Süchte", Wissenschaftlicher Autorenverlag KG, Leer 2004, S. 95
[16] Vgl. Munsch, „Binge Eating – Kognitive Verhaltenstherapie bei Essanfällen", Beltz Verlag, Berlin 2003, S.19f
[17] Vgl. Jürgen Beushausen, „Essstörungen und Multiple Süchte", Wissenschaftlicher Autorenverlag KG, Leer 2004, S. 97

3.2 ICD – 10

ICD – 10 ist das internationale Verzeichnis der Krankheiten der WHO = Weltgesundheitsorganisation.

Die Anorexia nervosa ist laut dem ICD – 10 durch folgende Merkmale gekennzeichnet:

- Das tatsächliche Körpergewicht liegt mindestens 15 % unter dem erwarteten Körpergewicht.
- Der Gewichtsverlust wird selbst herbeigeführt.
- Es besteht eine Körperschema-Störung, verbunden mit Angst vor dem Dick werden. Die eigene Gewichtsschwelle wird demzufolge niedrig festgelegt.
- Es besteht eine endokrine Störung auf der Hypothalamus-Hypophysen-Gonaden-Achse.
- Bei Erkrankung vor der Pubertät kommt es zu einer Verzögerung der pubertären Entwicklungsschritte. Die Pubertätsentwicklung wird nach der Remission häufig normal abgeschlossen.[19]

Laut dem ICD – 10 wird die Bulimia nervosa wie folgt definiert:

- Anhaltendes Beschäftigen mit dem Essen und ein unerlässlicher Drang zu essen. Es werden durch die Essattacken in sehr kurzer Zeit große Mengen an Nahrung konsumiert.
- Der Patient / die Patientin versucht der Gewichtszunahme durch die Nahrung mit einer oder mehreren der folgenden Verhaltensweisen entgegenzusteuern: selbst herbeigeführtes Erbrechen, Missbrauch von Abführmitteln, Fasten, Gebrauch von Appetitzüglern, Schilddrüsenpräparaten oder Diuretika.
- Der Patient nimmt sich selbst als zu „fett" war und hat eine krankhafte Angst davor, dick zu werden.[20]

Im ICD – 10 wird die Binge – Eating – Störung noch nicht als eigenes Krankheitsbild erfasst. Jedoch ist sie dort unter dem Punkt F50.9 als nicht näher bezeichnete Essstörung vermerkt.[21] In den letzten Jahren wird diese Essstörung jedoch immer

[18] Vgl. Warschburger, Petermann, Fromme, „Adipositas – Training mit Kindern und Jugendlichen", Beltz Verlag, Basel 2005, S.14
[19] Vgl. Stier und Weissenrieder, „ Jugendmedizin – Gesundheit und Gesellschaft", Springer Verlag, Heidelberg 2006, Seite 219f
[20] Vgl. Stier und Weissenrieder, „ Jugendmedizin – Gesundheit und Gesellschaft", Springer Verlag, Heidelberg 2006, Seite 225
[21]Vgl. Munsch, „Binge Eating – Kognitive Verhaltenstherapie bei Essanfällen", Beltz Verlag, Berlin 2003, S.19

intensiver erforscht, wonach sie in ferner Zukunft als Krankheitsbild im ICD – 10 aufgenommen wird.[22]

Auch die Adipositas ist im ICD – 10 nicht als eigenständiges Krankheitsbild vermerkt. Allerdings fällt diese unter den Punkt 50.4 „Essattacken bei sonstigen psychischen Störungen".

Allgemein lässt sich zur Diagnose bei Adipositas folgendes sagen. Es ist durch ein übermäßiges Vermehren des Fettgewebes definiert. Zur Bestimmung von Adipositas eignet sich der Body-Maß-Index. Ein BMI von ab 30 spricht man von Adipositas.

Die allgemeine Formel für den BMI lautet:

$$BMI = \frac{K\ddot{o}rpergewicht\,(in\,kg)}{K\ddot{o}rpergr\ddot{o}\beta e^2\,(in\,m)}$$

Der BMI ist für die Beurteilung des Gewichtes bei Kindern und Jugendlichen unter 18 Jahren jedoch nicht brauchbar. Hierfür werden so genannte BMI- Perzentilkurven (Wachstumskurven) verwendet. Es empfiehlt sich die BMI-Perzentilen der Arbeitsgemeinschaft Adipositas im Kindes- und Jugendalter (AGA) zu verwenden. In Anlehnung an die internationalen Fachgesellschaften hat die Arbeitsgemeinschaft Adipositas im Kindes- und Jugendalter (AGA) folgende Definition vorgeschlagen: Kinder, die die 90. alters- und geschlechtsspezifische Perzentile überschreiten (deren BMI also höher ist als bei 90 % aller Kinder ihres Alters und Geschlechts), werden als übergewichtig eingestuft. Liegt der BMI über der 97. Perzentile, liegt eine Adipositas vor. Bei Überschreitungen der 99,5. Perzentile wird von einer extremen Adipositas gesprochen.

---

[22] Vgl. Bundeszentrale für gesundheitliche Aufklärung, „Essstörungen – Leitfaden für Eltern, Angehörige, Partner, Freunde, Lehrer und Kollegen", BZgA Köln

Perzentilkurven für den Body-Maß-Index (Jungen 0-18 Jahre)

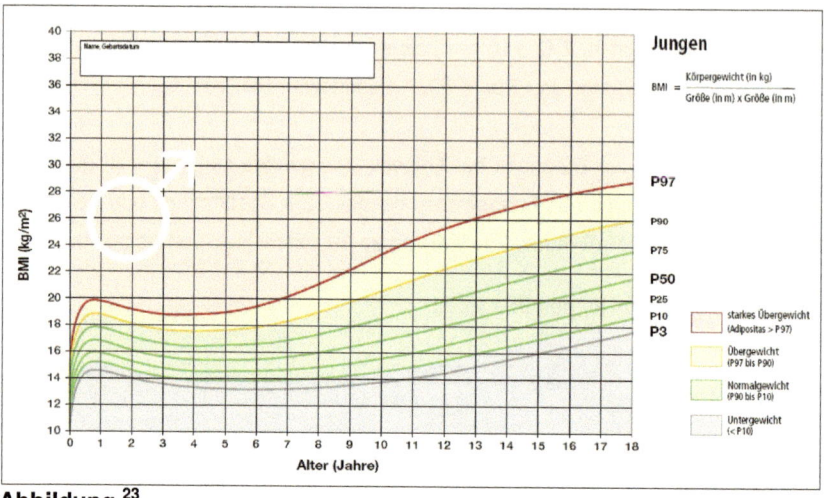

Abbildung [23]

Perzentilkurven für den Body-Maß-Index (Mädchen 0-18 Jahre)

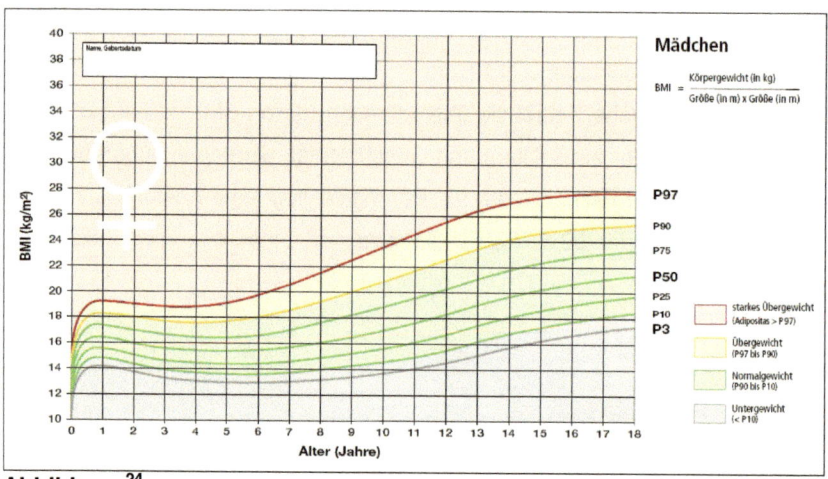

Abbildung [24]

---

[23] http://www.aid.de/downloads/bmi_perzentil_m.pdf
[24] http://www.aid.de/downloads/bmi_perzentil_m.pdf

12

3.3 Symptomatik

Bei der <u>Anorexia nervosa</u> besteht das Hauptsymptom in der Angst der Gewichtszunahme. Daraus entsteht das für diese Essstörung typisch gestörte Essverhalten, welches mit der Vermeidung von fettiger und kohlenhydratreicher Nahrung einhergeht, bis hin zur völligen Nahrungsverweigerung. Unter allen Umständen wird versucht das Gewicht weiter herab zu senken. Gewichtsreduzierende Maßnahmen sind übertriebene körperliche Aktivität oder auch das Einnehmen von Appetitzüglern, Abführmitteln und Entwässerungstabletten. Bei der Anorexia nervosa kann das selbst herbeigeführte Erbrechen eben so eine Maßnahme sein.

Die ohnehin schon am Untergewicht angelangten Betroffenen leiden in Folge dessen an einer Körperbildstörung. Auch wenn sie im Laufe der Magersucht schon viel Gewicht verloren haben, überschätzen sie ihren Körperumfang und halten sich für zu dick.

Beschwerden im Zusammenhang mit der Essstörung sind Amenorrhoe, Obstipation und Appetitlosigkeit. Durch diese medizinischen Symptome ist es den Ärzten möglich die Essstörung zu erkennen.

Eine Beziehungsstörung und Selbstwertprobleme gehören ebenfalls zu den Symptomen der Anorexia nervosa.[25]

Essen und Erbrechen ist das Hauptmerkmal der <u>Bulimia nervosa</u>. Zu dieser Form der Essstörung gehört, wie bei der Anorexia nervosa, das Vermeiden von kohlenhydratreicher Nahrung. Allerdings kommt es häufig zu heimlichen „Fressanfällen", bei denen alle Nahrungsmittel, die als verboten gelten, hineingeschlungen und anschließend wieder erbrochen werden. Der Verlust der Kontrolle bei diesen Essanfällen ist besonders schlimm, da eine Perfektion in allen Lebensbereichen angestrebt wird. Nach außen hin funktioniert auch alles perfekt.

Bulimiker/innen beschäftigen sich, ebenso wie die Anorektiker/innen ständig mit ihrem eigenen Gewicht und haben ein krankhafte Furcht vor einer Gewichtszunahme, obwohl ihr Gewicht meist im Normalbereich liegt. Die Betroffenen befinden sich meist in einem Teufelskreis aus dem sie nur schwer wieder heraus kommen. Sie fühlen sich ausgeglichen bei den Fressanfällen, danach kommt der Scham und Ekel, das Übergeben und in Folge dessen der Ärger. Als Ausgleich kommt wieder ein erneuter Fressanfall und der Kreislauf beginnt von vorn.

---

[25] Vgl. Gudrun Dörflinger, „ Essstörungen und die Notwendigkeit einer Therapie", VDM Verlag Dr. Müller, Saarbrücken 2007, S. 8

Die medizinischen Symptome sind ähnlich wie bei der Anorexia nervosa (Amenorrhoe, Obstipation) wobei es hier z.B. zusätzlich durch das Erbrechen zu Verätzungen und Entzündungen der Speiseröhre durch die Magensäure kommt

Auf die „Fressanfälle", welche das Hauptsymptom des Binge-Eatings bilden, folgen keine gewichtsregulierenden Maßnahmen. Daher kommt es zu einer ständigen Gewichtszunahme.

Es lassen sich bei dieser Form der Essstörung viele Parallelen zur Bulimia nervosa ziehen, allerdings dauern die Essanfälle hierbei länger an. Klare Grenzen bezüglich Anfang und Ende eines Essanfalls gibt es nicht.

Häufig findet man dieser Essstörung gleichzeitig psychiatrische oder psychopathologische Symptome. Nach dem übermäßigen Essen entwickeln sie ausgeprägte Ekelgefühle gegen sich selbst sowie Schuldgefühle und depressive Verstimmungen.

Das Gefühl des Kontrollverlustes ist auch hier sehr ausgeprägt. Hinzu kommt eine Beeinträchtigung der allgemeinen Befindlichkeit, welche mit einem erhöhten Leidensdruck verbunden ist.

Adipositas liegt vor, wenn das Gewicht beachtlich erhöht ist. Dies bedeutet, dass das Körpergewicht deutlich über der Alters- und Geschlechtsnorm liegt.[26] Adipositas ist eine chronische Krankheit mit eingeschränkter Lebensqualität und hohem Krankheitsrisiko. Übergewicht bzw. Adipositas erhöhen das Risiko dafür, dass sich verschiedenste Erkrankungen ausbilden und sich dadurch die Lebenserwartung deutlich verkürzt.

Bei der Adipositas werden meist fettreiche Speisen zu sich genommen, des Weiteren ist die tägliche Menge der verzehrten Nahrungsmittel höher als bei normalgewichtigen Personen.

4. Ätiologie

Hormonelle Störungen wurden häufig als Gründe von Essstörungen angesehen. Allerdings ist mittlerweile bekannt, dass die unausgewogene Ernährung ein entscheidender Faktor dafür ist.

Die aufrechterhaltenden Bedingungen von Essstörungen sind somatischen Ursprungs. So kommt es beispielsweise bei der Anorexia nervosa zu einer

---

[26] Vgl. Warschburger, Petermann, Fromme, „Adipositas – Training mit Kindern und Jugendlichen", Beltz Verlag, Basel 2005, S.5

Verlangsamung der Magenentleerung, bei der Bulimia nervosa hingegen zu einer Störung des Hunger- und Sättigungsgefühls.[27]

4.1 Biologische Faktoren

Der wichtigste biologische Faktor bei der Anorexia nervosa ist das weibliche Geschlecht. Denkbar wäre auch eine Abweichung in der biologischen Regulation des Hunger- und Sättigungsverhaltens. Früher hat man zudem angenommen, dass perinatale Komplikationen für die Entwicklung einer Anorexia nervosa von Bedeutung sind, dies läßt sich jedoch laut Lindberg u. Hjern 2003 nicht bestätigen.[28]

Ebenfalls wie bei der Anorexie spielt das weibliche Geschlecht bei der Bulimie eine große Rolle. Hinzu kommt, dass das Hormon, das unter anderem das Sättigungsgefühl auslösen soll, reduziert ist, vermutet Pirke (1989). Bei der Bulimie nervosa sind biologische Faktoren nicht eindeutig belegt, allerdings konnten teilweise genetische Einflüsse nachgewiesen werden, die auf die Entwicklung der Essstörung einwirken können (Methfessel, im Buch: Bulimie im Jugendalter).

Bei der Binge-Eating-Disorder ist manchmal eine biologische Veranlagung für Übergewicht gegeben. Weitere biologische Faktoren sind noch nicht bekannt.[29]

Genetische Faktoren spielen bei der Entstehung von Adipositas eine wichtige Rolle. Der genetische Einfluss wird auf 40-50 Prozent geschätzt. Bis zu 80% der übergewichtigen Kinder haben zumeist ein übergewichtiges Elternteil. Mindestens 25% haben zwei übergewichtige Elternteile. Allerdings wird nicht das Übergewicht oder die Adipositas vererbt, sondern die Prädisposition (also die Empfänglichkeit dafür übergewichtig oder adipös zu werden). Zu den genetischen Faktoren kommen noch die biologischen Faktoren wie Energiezufuhr und Energieverbrauch hinzu. Die Relation zwischen diesen beiden Faktoren sollte im Einklang sein um Übergewicht zu vermeiden. Demnach entsteht Übergewicht wenn entweder zu viel Energie zu sich genommen wird und / oder zu wenig Energie verbraucht wird. → Theorie der Energiebilanz: Bei Normalgewicht ist die Relation zwischen Energiezufuhr und – verbrauch ausgeglichen, bei Untergewicht wird dem Körper zu wenig Energie zugeführt, bei Übergewicht zu viel (nach WHO, 1998). Zusammengefasst kann gesagt werden, dass es durch die zunehmenden Nahrungsaufnahme und der körperlichen Inaktivität zu einer Begünstigung von Adipositas kommt.

---

[27] Vgl. Rolf Meermann und Ernst-Jürgen Borgart, „Essstörungen: Anorexie und Bulimie", Kohlhammer, Stuttgart 2006, S.31
[28] Vgl. Stier und Weissenrieder, „ Jugendmedizin – Gesundheit und Gesellschaft", Springer Verlag, Heidelberg 2006, Seite 221
[29] Vgl. www.vitanet.de

4.2 Individuelle Entwicklung

Die Individuelle Entwicklung spielt eine ganz wesentliche Rolle für die Entstehung einer Essstörung.

Da sich bereits im frühkindlichen Stadium zeigt, dass Nahrungsverweigerung als ein wirksames Mittel zur Manipulation der Umgebung eingesetzt werden kann, ist es möglich, dass gerade im Anfangsstadium einer Anorexia nervosa, gerade solche Erfahrungen zum Tragen kommen. Ein deutlich vermindertes Selbstvertrauen, ein Gefühl der Ohnmacht, verbunden mit dem Drang, es allen recht machen zu müssen, sowie ein großes Bedürfnis nach Harmonie stellen weitere individuelle Risikofaktoren dar.[30] Aber auch wenn junge Frauen sich von der Bewältigung der alterstypischen Anforderungen überfordert fühlen, kann dies eine Begünstigung der Entwicklung einer Anorexia nervosa darstellen. Während der Pubertät entwickelt sich das Mädchen zur Frau und muß eine entsprechende neue Identität finden. Fühlt sich die Betroffene davon überfordert, entsteht ein tiefes Gefühl der Unsicherheit. Die psychoanalytische (triebtheoretische) Erklärung versteht daher die Magersucht als eine Form der Abwehr sexueller Wünsche und als die Möglichkeit, psychosexuelle Entwicklungskrisen in der Pubertät zu beenden, um damit in die scheinbar heile Kinderwelt zurückzukehren. Anzeichen dafür sind, daß der Körper bei der Magersucht teilweise um seine sekundären Geschlechtsmerkmale beraubt wird. So wird die sexuelle Signalwirkung des Körpers reduziert.

Kieselbach geht davon aus, dass aufgrund von fehlender Zuwendung durch Eltern bei Bulimikerinnen eine „Störung des subjekiven Körperbewusstseins" entstanden ist. Sie sind dadurch nicht mehr in der Lage ihre eigenen Gefühle wahrzunehmen. Hierdurch und durch den Druck der Gesellschaft bezüglich der Frauenrolle und dem Schönheitsideal verpasst das Individuum sich selbst zu finden. Diese Menschen lassen sich von der Außenwelt steuern und werden sich selbst fremd. Durch eine bestimmte Persönlichkeitsstruktur wird die Bulimie begünstigt. Hierzu gehören ein mangelndes Selbstwertgefühl, affektiv-labile Persönlichkeitsanteile (erhöhte Depressivität, geringe Frustrationstoleranz und Schwierigkeiten mit problematischen Situationen und Emotionen adäquat umzugehen) wie schon erwähnt ein schlechtes Körpergefühl, Perfektionismus und ausgeprägtes Schwarz-Weiß-Denken.

Menschen mit einer Binge-Eating-Disorder sind oftmals impulsiv, haben perfektionistische Ansprüche an sich selbst und die Strategie, den Selbstwert in

---

[30] Vgl. Stier und Weissenrieder, „ Jugendmedizin – Gesundheit und Gesellschaft", Springer Verlag, Heidelberg 2006, Seite 221

Abhängigkeit der Anerkennung durch andere zu definieren. Sie haben ein geringes Selbstwertgefühl und sind mit dem eigenen Körper unzufrieden. Eine tief sitzende Angst vor Auseinandersetzungen verhindert die angemessene Lösung von Problemen. Binge-Eating-Patienten essen aus emotionalen Gründen, z.b. aufgrund von Trauer, Ärger und Stress, da ihnen eine Unterscheidung von Hunger und anderen unbehaglichen Gefühlen oft nicht möglich ist. Ebenso wie bei der Adipositas spielen Hänseleien bezüglich des Gewichtes und auch Langeweile und Einsamkeit eine Rolle.[31]

In komplexer Wechselwirkung mit der Adipositas stehen vor allem negative und positive Emotionen. Auf der einen Seite kann die Adipositas selbst zu Stress führen, durch Hänseleien bezüglich des Gewichtes,[32] sodass die Betroffenen immer Unzufriedener werden. Auf der anderen Seite haben Untersuchungen gezeigt, dass zum Beispiel negative Emotionen wie Langeweile oder Einsamkeit zu einer erhöhten Nahrungsaufnahme führen.[33] Essen ist hier der Ausgleich von Einsamkeit, Langeweile und Frustration. Es entsteht ein Teufelskreis, die Betroffenen Essen weil sie zurückgewiesen werden und werden zurückgewiesen weil sie zu dick sind. Essen wird als Strategie genutzt um negative Emotionen wie Frustration, zu überwinden. Dies trägt letztlich jedoch dazu bei, dass sich das Gewicht immer mehr erhöht und dadurch die negativen Emotionen noch stärker werden.

4.3 Familiäre Umstände

Faktoren für Anorexia nervosa und Bulimia nervosa sind laut Selvini-Palazzoli (1978) und Minuchin et al. (1978) Interaktionsstörungen im Familiensystem. Familiensysteme, welche durch Verstrickung, Rigidität, Überbehütung, Konfliktvermeidung und wechselnde Koalitionsbildung gekennzeichnet sind, bilden eine gute Grundlage für das Entstehen einer Essstörung. Die Last, die Stabilität der Familie aufrecht zu erhalten und offene Konflikte innerhalb der Familie zu verhindert, liegt auf den Schultern des von der Essstörung Betroffenen.

Bei der Anorektikerin kommt noch hinzu, dass sie unter allen Umständen versucht ihre Krankheit zu verbergen und in allen Bereichen so perfekt wie möglich zu sein. Dies wird jedoch von Seiten der Eltern bzw. der Familie oftmals fehlinterpretiert, es wird angenommen, dass es sich bei diesem perfektionistischen Verhalten um

---

[31] Vgl. Munsch, „Binge Eating – Kognitive Verhaltenstherapie bei Essanfällen", Beltz Verlag, Berlin 2003, S.27 ff
[32] Vgl. Munsch, „Binge Eating – Kognitive Verhaltenstherapie bei Essanfällen", Beltz Verlag, Berlin 2003, S.27
[33] Vgl. Warschburger, Petermann, Fromme, „Adipositas – Training mit Kindern und Jugendlichen", Beltz Verlag, Basel 2005, S.34

Tüchtigkeit handelt. Die Magersüchtige wird gelobt und bekommt dadurch Angst sich spontan und natürlich zu geben, da dies dazu führen könnte, nicht weiter gelobt und anerkannt zu werden.[34]

Überfürsorgliche Eltern stellen ebenso ein Problem dar. Sie verhindern das Jugendliche eigene Erfahrungen sammeln und sich ausprobieren können. Desweiteren ebnen sie den Weg für ihre Kinder, so dass diese Konflikte und Probleme nicht selbst lösen müssen. Zudem geht den Kindern die Abgrenzung von der Familie verloren.

Typisch für diese Familien sind eine unnatürliche Mutter-Tochter-Beziehung (die eine kann ohne die andere nicht leben) und ein emotional abwesender Vater, welcher seine Gefühle nicht zum Ausdruck bringt.

Die Ursachen für Bulimie liegen oft schon in der Kindheit verborgen. Die Familie spielt bei der Entwicklung der Bulimie eine entscheidende Rolle. Es kommen Erlebnisse wie Scheidung der Eltern oder bestimmte Veränderungen des Lebens in Betracht. Häufig finden sich in den Familien andere psychische Auffälligkeiten wie affektive Erkrankungen, Alkohol- und oder Drogenmissbrauch bzw. – abhängigkeit und andere Formen von Essstörungen. Auch spielen die traditionellen Werte, die die meisten Eltern von Betroffenen haben eine große Rolle. Erfolg, Ordnung und Harmonie stehen an erster Stelle. Die gesellschaftlich anerkannten Normen unserer Gesellschaft werden in diesen Familien häufig zur Perfektion gebracht. Hierbei spielt auch die Rollenverteilung mit, jeder muss seine Rolle perfekt erfüllen; der Vater als Verdiener, die Frau als Mutter und die Kinder als Abbilder der erfolgreichen Eltern. Kinder müssen in das perfekte Bild passen und Emotionen bleiben auf der Strecke. Gefühle sind nur bedingt abgeschwächt zugelassen. In den Familien herrscht eine Scheinharmonie und Gefühlskälte.

Es hat sich gezeigt, dass familiäre Essgewohnheiten eine spätere Binge-Eating-Disorder,[35] sowie deutliches Übergewicht in der Kindheit auslösen können. Nahrung diente in den Familien von Binge-Eating-Patienten als umfassende Bedürfnis-befriedigung.[36] Desweiteren herrscht in den Familien häufig Unzufriedenheit und Frustration. Der Vater hat meistens eine schwächere Position als die Mutter. Das heißt, dass er Streit meidet und der Mutter das Regime überläßt, nur gelegentlich wird er mal laut und ergreift die Initiative. Die Mutter hingegen fühlt sich

---

[34] Vgl. Vgl. Gudrun Dörflinger, „ Essstörungen und die Notwendigkeit einer Therapie", VDM Verlag Dr. Müller, Saarbrücken 2007, S. 9
[35] Vgl. Munsch, „Binge Eating – Kognitive Verhaltenstherapie bei Essanfällen", Beltz Verlag, Berlin 2003, S.28b
[36] Vgl. www.vitanet.de

verantwortlich für ihre Familie und ist durch die geringe Beteiligung ihres Mannes überlastet. Da der Mann durch seinen mangelnden Ehrgeiz und seine Trägheit sehr enttäuschend für die Mutter ist, belastet sie dadurch unbewußt ihr Kind. Ein Problem stellt auch die ängstliche Haltung der Eltern dar. Kinder erlernen dadurch konfliktausweichende Handlungen, und können somit kein ausreichendes Selbstwertgefühl entwickeln.

Denkmuster und Verhaltensweisen:

- Essen wird als Belohnung eingesetzt, Essen ist die Möglichkeit sich etwas Gutes zu tun
- Essen bekämpft Einsamkeit, Langeweile, Frustration, innere Leere und Spannungen. Gefühle werden schnell befriedigt wodurch eine „angebliche Besserung" eintritt.
- Dicksein setzt Grenzen, die anders nicht akzeptiert werden.
- Konflikte werden destruktiv und ohne Lösung geführt.
- Dicke Männer gelten als mächtig, Frauen dagegen als unbeherrscht.
- Verweigerung des Essens gilt als Zurückweisung der Person, die es zubereitet oder angeboten hat.[37]

Als überbehütend und überfürsorglich werden die Mütter übergewichtiger Kinder häufig bezeichnet. Essen wird als Tröster, Belohnung oder Ruhigsteller verwendet. Schon in der Herkunftsfamilie war es Tradition, dass Essen als Belohnung eingesetzt wurde. Das Motto „Essen statt Fühlen" wird hier groß geschrieben. Vielfach wachsen übergewichtige Kinder in einem entmutigenden Erziehungsklima auf. Ebenso ist die Unzufriedenheit und Frustration im Familienklima ein kleiner Punkt der dazu beitragen kann adipös zu werden, denn durch das Essen wird wieder ein momentanes wohl fühlendes Gefühl herbeigeführt. Wie vorhin erwähnt sind häufig die Eltern selbst auch adipös. Die Eltern prägen ihre Kinder durch ihr selbst schlecht erlerntes Essverhalten und ihren Bewegungsmangel. Was Eltern vorleben wird von Kindern erlernt. Es ist statistisch bewiesen, dass in sozial schwachen Familien weniger Obst und Gemüse und mehr Fertiggerichte mit hohem, verstecktem Fettgehalt gegessen wird und dies somit ebenfalls ein begünstigter Faktor für Übergewicht und Adipositas ist.

---

[37] Vgl. Bundeszentrale für gesundheitliche Aufklärung, „Essstörungen – Leitfaden für Eltern, Angehörige, Partner, Freunde, Lehrer und Kollegen", BZgA Köln

4.4 Soziokulturelle Faktoren

Das vorherrschende schlanke Schönheitsideal unserer Gesellschaft ist seit etwa 50 Jahren der populärste Risikofaktor für die Entstehung einer Essstörung. Junge Mädchen lassen sich, vor allem während der Pubertät, von Modelmaßen beeindrucken und wetteifern damit, noch schlanker als ihre Vorbilder zu werden. Allerdings wollen immer häufiger auch Jungen immer schlanker werden. Allerdings ist das Schlankheitsbild nur bedingt an der Entstehung der Anorexia nervosa beteiligt, da sie bereits ca. im letzten Drittel des 19. Jahrhunderts als Krankheitsbild bekannt, jedoch das heutige Schlankheitsbild noch nicht gegeben war.[38]

In Überflussgesellschaften lassen sich die meisten Vorkommnisse von Essstörungen aufzeigen, zumeist sind die Betroffenen weiblichen Geschlechts. Betrachtet man den gesellschaftlichen Druck, der Frauen auferlegt wird, ist dieses Vorkommen nicht verwunderlich. Attraktivität, Schönheitsideale sowie Gesundheit und Erfolg sind die Anforderungen an die Frauen. Besonders Mädchen lernen schon vor dem Schulalter, dass das Aussehen eine wichtige Rolle spielt. Schon diese kleinen Mädchen kennen die gängigen Schönheitsideale. Verstärkt wird dieses Bild besonders durch Medien wie Fernsehen und Zeitschriften.[39] Es ist fast ausgeschlossen durchsetzungsfähig, abgehärtet, überaus erfolgreich und dazu noch weiblich und sinnlich zu sein. Essstörungen werden in diesem Zusammenhang als eine Form des Widerstandes gegen diese geforderten Anpassungen gesehen. Diese soziokulturellen Faktoren haben bei der Bulimia nervosa einen wesentlich höheren Stellenwert als bei der Anorexia nervosa[40].

Die hohe Wertigkeit des Schlankheitsideals begründet sich in der weit verbreiteten Ansicht, dass Schlanksein und Schönheit die einzigen Schlüssel zum Erfolg seien. Lebensmittel, die zu jeder Zeit und in jeder Menge verfügbar sind, machen Essanfälle erst möglich. In einer Situation des Schlaraffenlandes müssen Entscheidungen für oder gegen bestimmte Lebensmittel getroffen werden. Diese soziokulturellen Bedingungen sind ausschlaggebend für eine Binge-Eating-Disorder.[41]

Das Familienleben ist eine Komponente, welches starken Einfluss auf den eigentlichen Lebensraum der Kinder hat. So wird man schon im heimischen Umfeld,

---

[38] Vgl. Stier und Weissenrieder, „ Jugendmedizin – Gesundheit und Gesellschaft", Springer Verlag, Heidelberg 2006, Seite 221

[39] Nass I.; Bulimie im Jugendalter – Ursachen, Folgen und Präventionsmaßnahmen, VDM Verlag Dr. Müller e. K. und Lizenzgeber, Saarbrücken 2007

[40] Vgl. Stier und Weissenrieder, „ Jugendmedizin – Gesundheit und Gesellschaft", Springer Verlag, Heidelberg 2006, Seite 221

vom täglichen Fernsehprogramm massiv angezogen. Der rasante Anstieg der Medienentwicklung reizt das Kind zu jeder Tageszeit. Diese Kinder sind durch ein erhebliches Risiko von Übergewicht gefährdet. In den Werbebotschaften wird man zusätzlich auf optisch attraktive Nahrungsmittel aufmerksam gemacht, welche dann zusätzlich zum essen anregen.[42] Überwiegend ist dann der Griff zu etwas Süßem oder anderen energiereichen Lebensmitteln vorprogrammiert. Fernsehen und Computerspiele gehören zu den Hauptfreizeitbeschäftigungen der heutigen Kinder. Aktivitäten im freien werden kaum noch wahrgenommen. Kinder von heute sind außerdem flexibler, in Bezug auf Essen, als damals. Essen ist permanent und überall zu bekommen. Imbissbuden, Kioske und Fast-Food-Ketten sind schnell erreicht, da man sie mittlerweile an fast jeder Ecke findet.

Das in unserer Gesellschaft bestehende Schlankheitsideal kann ebenso zu Adipositas führen. Diese Menschen stehen unter einem enormen Druck diesem Ideal zu entsprechen. Infolge dessen werden mehrfach Diäten durchgeführt, die mit anschließenden Heißhungerphasen den JoJo Effekt herbeiführen. Hinzu kommen begünstigende Faktoren wie ein Überangebot an Nahrungsmitteln, ungünstige Ernährungsgewohnheiten, wenig Bewegung sowie Hänseleien denen Adipositas-Patienten schon früh ausgesetzt sind.[43]

5. Folgen

5.1 Medizinische Komplikationen

Aufgrund von Mangel- und Unterernährung, häufigem Erbrechen und somit Flüssigkeitsverlust und Verlust von Elektrolyten, Missbrauch von Medikamenten und Nahrungsergänzungsmitteln und auch die motorische Hyperaktivität bei der Anorexia nervosa können medizinische Komplikationen hervorrufen. Durchaus können alle Organsysteme betroffen sein. Diese sind z.B. Herz-Kreislauf-System, Magen-Darm-System, Nieren, Leber, das Skelettsystem, die Elektrolyte, endokrine und neurologische Störungen aber auch Verändereungen der Haut. Besonders gefährlich wird es bei der Verweigerung von Flüssigkeit.[44]

Laut M. Gerlinghoff und H. Backmund sind „Schweregrad und Art der Frequenz der Essanfälle sowie der Art von kompensatorischen Maßnahmen"[45] entscheidend für

---

[41] Vgl. www.ernaehrung.de
[42] vgl.: Lawrenz, Anja; Übergewicht und Adipositas im Kindes- und Jugendalter-medizinische Grundlagen, In: Übergewicht und Adipositas im Kindes- und Jugendalter; Academia Verlag; Köln 2005; 1.Auflage; S.13
[43] Vgl. www.gesundhcitpro.de
[44] Vgl. Stier und Weissenrieder, „ Jugendmedizin – Gesundheit und Gesellschaft", Springer Verlag, Heidelberg 2006, Seite 223
[45] Vgl. Stier und Weissenrieder, „ Jugendmedizin – Gesundheit und Gesellschaft", Springer Verlag, Heidelberg 2006, Seite 227

die medizinischen Auswirkungen für die Bulimia nervosa. Im Vordergrund stehen Komplikationen des Magen-Darm-Systems und Störungen der Darmmotilität. Durch das häufige Erbrechen kommt es zu einer Refluxösphagitis (entzündliche Erkrankung der Speiseröhre (Ösophagus), die durch den unphysiologisch langen Rückfluss von Magensäure bedingt ist). Die Magensäure, die durch das ständige Erbrechen in Bereiche kommt, wo sie nicht hingehört, führt zu Verätzungen und Entzündungen der Speiseröhre und des Rachens. Auch die Zähne sind betroffen. Die Magensäure greift den Zahnschmelz an, was zu starkem Kariesbefall führen kann. Dadurch kann häufig der Zahnarzt die Diagnose stellen. Ebenfalls führt das Erbrechen zu einer Störung des Elektrolythaushalts (Mineralienhaushalt). Lebenswichtige Elektrolyte wie Kalium, Chlorid, Calcium oder Natrium gehen verloren und dies wiederum führt zu Müdigkeit, Muskelkrämpfen und in schweren Fällen zu bleibenden Nierenschäden. Ferner kommt es zu einem unregelmäßigen Zyklus bis hin zur Amenorrhoe.

Körperliche Folgen sind zunächst Völlegefühl, Bauchschmerzen und Atembeschwerden. Leider führt die Binge-Eating-Disorder oft zu ungesunden Diäten, welche durch Hungergefühle jedoch wiederum Essattacken auslösen.

Die medizinischen Folgen für das Binge-Eating sind häufig auf ein Übergewicht oder die mit der Störung einhergehende Adipositas zurückzuführen. Es handelt sich hierbei vermehrt um Herz- Kreislaufkrankheiten, Erkrankungen des Skelett- und Bewegungsapparates sowie Störungen der Atemfunktion, Hypertonie und Venenleiden.[46]

Bereits im Kindes- und Jugendalter treten medizinische Probleme von Adipositas auf. Medizinische Folgeschäden können in vielen Bereichen auftreten. Hierzu gehören z.B. Hypertonie, Herzinsuffizienz, Fettleber und Diabetes Mellitus Typ II.[47] Medizinische Folgeerscheinungen der Adipositas sind nach Alfred Wirth Im Bereich des kardiovaskulären System (Blutkreislauf /Netz aus Blutgefäßen/ dazu gehören Hypertonie(Bluthochdruck), koronare Herzkrankheit (Arterienverkalkung), Herzinsuffiziens(keine gute Beförderung des Blutes), venöse Insuffizienz (Zirkulationsstörung der Gefäße). Er geht weiter davon aus, dass die metabolischen und hormonellen Funktionen betroffen sind. Hierunter fallen Diabetes Mellitus Typ II, Dyslipidämien und Hyperurikämie (Erhöhung des Harnsäurespiegels im Blut). Im Gastrointestinalen System (Verdauungstrakt), treten Gallenblasenleiden, Gallensteine, Fettleber und Refluxösophagitis(entzündliche Erkrankung der

---

[46] Vgl. Munsch, „Binge Eating – Kognitive Verhaltenstherapie bei Essanfällen", Beltz Verlag, Weinheim und Basel 2003, Seite 13 ff

Speiseröhre) auf. Der Bewegungsapparat ist im Wirbelsäulenbereich und den Sprunggelenken geschädigt. Ebenfalls ist laut Wirth das respiratorische System betroffen. Hierzu gehören Schlafapnoe und das Pickwick-Syndrom (Krankheitszustände, die durch hochgradige Fettsucht verursacht werden). Die Haut bleibt bei der Adipositas auch nicht verschont. Es kommt u Hauterkrankungen und Striae (Dehnungsstreifen).

5.2 Psychische Einschränkungen

Psychische Folgen der Magersucht sind depressive Verstimmungen, Konzentrationsstörungen, Leistungsabfall, Zwangsverhalten, rigides Denken, Einschränkung der emotionalen Erlebnisfähigkeit aber auch Selbsthass und ein Drang zum Perfektionismus. Nicht wenige der Betroffenen, die unter langdauernder Magersucht leiden, entwickeln so starke Depressionen, dass es zu Selbstmordversuchen kommt.[48]

Bei der Bulimie entstehen die psychischen Folgen aufgrund des bedrückenden Wissens um die eigene Essstörung sowie durch Scham und gleichzeitigem Eckelgefühl gegenüber sich selbst. Perfektionismus, Ambivalenzverhalten und Abwertung von sich selbst sowie anderen gehören ebenso zu den Folgen wie Selbsthass, Depressionen und Schamgefühl.[49] Das eh schon bestehende verminderte Selbstwertgefühl wird noch verstärkt.

Binge Eating kann auch seelische Komplikationen erzeugen. Betroffene sind durch die Erkrankung sehr belastet. Viele haben bereits selbständig versucht, die Essanfälle zu reduzieren, was oft nur kurzfristig gelungen ist. Psychische Folgen, welche durch das diskriminierende Verhalten von Außenstehenden entstehen, sind häufig von langer Dauer. Zu erwähnen sind in diesem Zusammenhang Depressionen, Antriebslosigkeit und Hass auf den eigenen Körper.[50]

Wesentlich häufiger als die medizinischen Komplikationen sind die psychischen Belastungen der Betroffenen. Durch ihre übermäßige Fettleibigkeit sind sie in ihrer Beweglichkeit eingeschränkt. Viele Betroffenen berichten über eine massive Unzufriedenheit mit ihrer Situation. Seelische Probleme wie

[47] Vgl. Warschburger, Petermann, Fromme, „Adipositas – Training mit Kindern und Jugendlichen", Beltz Verlag, Basel 2005, S.7
[48] Vgl. Bundeszentrale für gesundheitliche Aufklärung, „Essstörungen – Leitfaden für Eltern, Angehörige, Partner, Freunde, Lehrer und Kollegen", BZgA Köln
[49] Vgl. Bundeszentrale für gesundheitliche Aufklärung, „Essstörungen – Leitfaden für Eltern, Angehörige, Partner, Freunde, Lehrer und Kollegen", BZgA Köln
[50] Vgl. Bundeszentrale für gesundheitliche Aufklärung, „Essstörungen – Leitfaden für Eltern, Angehörige, Partner, Freunde, Lehrer und Kollegen", BZgA Köln

Minderwertigkeitskomplexe und mangelndes Selbstwertgefühl gehen mit der Adipositas einher.

5.3 Soziale Auswirkungen

Auch die familiären und sozialen Folgen der Anorexia nervosa sind gravierend. Die meisten Familien sind schnell überfordert mit der Situation des erkrankten Familienmitglieds, es kommt zu Spannungen und Konflikten, die die Problematik der Patientin weiter verschärfen können. Der soziale Rückzug ist mit Ängsten vor der Öffentlichkeit verbunden.

Dadurch, dass sich die Bulimiker/innen für ihre Krankheit schämen, ziehen sie sich häufig aus ihrem sozialen Umfeld zurück. Sie wollen die Krankheit geheim halten und isolieren sich von ihrer Familie, sowie Freunden.[51]

Die Belastung und das Leiden aufgrund der Binge-Eating-Disorder können dazu führen, dass die Betroffenen ihrer Arbeit oder ihren sozialen Verpflichtungen nicht mehr nachkommen können. Übergewichtige mit Binge Eating Störung fühlen sich oft schlecht aufgrund ihres Essverhaltens, sind übermäßig mit ihrem Gewicht und ihrer Figur beschäftigt und meiden soziale Kontakte. Dieser Rückzug kann bis zur Isolation führen. Die meisten schämen sich und versuchen, ihre Störung vor anderen Menschen zu verstecken.[52]

In unserer Gesellschaft werden adipösen Menschen häufig stigmatisiert, Verurteilt, Abgelehnt oder Abgestempelt. Die Betroffenen leiden meist sehr stark unter den negativen Bewertungen[53] und ziehen sich von anderen zurück, so dass sie kaum noch Kontakt zu anderen Menschen haben.[54] Durch ein erhöhtes Maß an stigmatisierten Äußerungen isolieren sie sich immer weiter und suchen Trost im Essen, wodurch sie sich in einer Art Teufelskreis verrennen.

5.4 Komorbidität

Bei der Anorexia nervosa sind begleitende psychische Störungen und Erkrankungen häufig. Affektive Störungen und depressive Verstimmungen treten fast ausnahmslos im Verlauf der Erkrankung auf. Allerdings kann die depressive Verstimmung die Magersucht überdauern und eine eigenständige Erkrankung darstellen.

---

[51] Vgl. Ina Nass, „Bulimie im Jugendalter-Ursachen, Folgen und Präventionsmaßnahmen", VDM Verlag Dr. Müller, Saarbrücken 2007, S.82
[52] Vgl. www.vitanet.de
[53] Vgl. Warschburger, Petermann, Fromme, „Adipositas – Training mit Kindern und Jugendlichen", Beltz Verlag, Basel 2005, S.9

Zwanghafte Rituale wie körperliche Aktivität oder Essrituale lassen sich häufig bei der Anorexia nervosa finden. Diese Zwangssymptome können die Krankheit ebenfalls überdauern und dadurch eine komorbide psychische Krankheit bilden. Desweiteren lassen sich bei der Anorexia nervosa, in bis zu 80% der Fälle, Angsterkrankungen nachweisen.[55]

Wie bei der Anorexia nervosa treten auch bei der Bulimia nervosa psychische Störungen wie depressive Verstimmungen oder Angststörungen auf. Jedoch deuten Forschungen auch daraufhin, das Bulimiker einen überdurchschnittlichen Drang zu Alkohol und Drogen haben. Bei etwa 1/3 der Patienten besteht ein Substanzmissbrauch oder eine Abhängigkeit. Des Weiteren neigen sie dazu sich selbst zu verletzen. Selbstverletzungen, Ritzen, Schneiden, sich Verbrennen findet man bei bulimischen Patienten deutlich mehr als bei Magersüchtigen. Auch komorbide Persönlichkeitsstörungen, insbesondere die Borderline -Störung findet man bei den Bulimiepatienten. Es besteht auch eine hohe Komorbidität hinsichtlich kleptomaner und kaufsüchtiger Tendenzen. Das Stehlen von Gegenständen kann an die Stelle eines Fressanfalls treten um den inneren Druck abzubauen. Des Weiteren kommt es zur Entwendung von Lebensmitteln, da Fressanfälle auf Dauer zu finanziellen Problemen führen.[56]

Bei der Binge-Eating-Disorder stellt die Adipositas die häufigste komorbide Störung dar. 30-40% der Binge-Eating Patienten leiden hierbei unter sehr starkem Übergewicht.
Affektive Störungen, Angststörungen und Störungen mit Substanzabhängigkeit bilden ebenfalls eine Komorbidität. Strukturelle Störungen, hierbei vor allem die Borderline-Persönlichkeitsstörung, treten ebenfalls gehäuft auf.[57]

Die Komorbidität der Adipositas trägt bei Kindern und Jugendlichen zu ihrem Krankheitswert bei. Sie lässt sich in eine frühe bereits erkennbare Komorbidität und in eine späte zu erwartende Komorbidität wie z.B. Herzinfarkt, Diabetes mellitus oder Schlaganfall unterteilen.

---

[54] Vgl. Bundeszentrale für gesundheitliche Aufklärung, „Essstörungen – Leitfaden für Eltern, Angehörige, Partner, Freunde, Lehrer und Kollegen", BZgA Köln
[55] Vgl. Stier und Weissenrieder, „ Jugendmedizin – Gesundheit und Gesellschaft", Springer Verlag, Heidelberg 2006, Seite 220
[56] Vgl. Stier und Weissenrieder, „ Jugendmedizin – Gesundheit und Gesellschaft", Springer Verlag, Heidelberg 2006, Seite 227
[57] Vgl. Munsch, „Binge Eating – Kognitive Verhaltenstherapie bei Essanfällen", Beltz Verlag, Weinheim und Basel 2003, Seite 18

6. Behandlungsmöglichkeiten

Essstörungen werden so lange wie möglich verheimlicht, daher wird auch zunächst kein Kontakt zu Psychotherapeuten oder Psychologen aufgenommen. Da es früher oder später jedoch zu körperlichen Beschwerden kommt, werden Ärzte konsultiert.

Wird der Weg zur Behandlung der Essstörung gefunden, ist es aufgrund der komplexen Ursachen dieser unbedingt erforderlich unterschiedlichste Therapieformen zum Einsatz kommen zu lassen. Diese müssen zu einer integrativen Therapie kombiniert werden.[58]

Bei der Adipositas ist eine frühzeitige Prävention sowie Behandlung eine Notwendigkeit, um mögliche Folgekrankheiten zu vermeiden.

6.1 Therapieziele

Therapieziele werden gemeinsam mit dem Patienten formuliert. Hierbei handelt es sich um persönliche Therapieziele, welche sich einerseits auf das Problemverhalten andererseits auf auslösende und aufrechterhaltende Bedingungsfaktoren beziehen. Zudem sollten für den Patienten und gegebenenfalls seine Familie schrittweise kleine realisierbare Ziele verfolgt werden.[59]

Die Therapie umfaßt auch grundsätzliche Ziele. Diese sind:

- Förderung der Krankheiteinsicht
- Verstehen und Akzeptieren der Essstörung, damit Veränderungen möglich sind
- Förderung der Selbständigkeit und Eigenverantwortlichkeit, damit seelische und körperliche Gesundheit entstehen kann
- Erkennen und Verstehen des seelischen und sozialen Hintergrunds unter Berücksichtigung der persönlichen Lebensgeschichte
- Erarbeiten eines eigenen Lebensentwurfs
- Verbesserung der sozialen Kontaktfertigkeiten
- Aufgabe von schädigenden Gewichtskontrollmethoden
- Aubbau des rituellen Umganges mit Nahrungsmitteln
- Aufbau angemessenen Essverhaltens
- Förderung der Genussfähigkeit
- Stabiles Gewicht

---

[58] Vgl. Gudrun Dörflinger, „Essstörungen und die Notwendigkeit einer Therapie", VDM Verlag Dr. Müller, Saarbrücken 2007, S. 65
[59] Vgl. Rolf Meermann und Ernst-Jürgen Borgart, „Essstörungen: Anorexie und Bulimie", Kohlhammer, Stuttgart 2006, S.77

- Erarbeiten von Bewältigungsmöglichkeiten für Krisensituationen

Für das Erreichen der Therapieziele ist es immer von größter Wichtigkeit den Patienten nicht nur ihre Probleme aufzuzeigen, sondern auch die Stärken eines jeden zu arbeiten und diese zu nutzen. Desweiteren sollte so wenig Fremdkontrolle wie möglich ausgeübt werden, da die Eigenverantwortlichkeit im Vordergrund steht.[60]

Bei der Anorexia nervosa ist das Therapieziel zunächst einmal, den Teufelskreis der destruktiven Denkweise zu durchbrechen. Im nächsten Schritt soll das daraus resultierende Erleben und Verhalten verändert werden. Im Anschluss daran ist es das Ziel die realistischere Sichtweise des Lebens wahrzunehmen.[61]

Alle Ansätze der Therapie für die Bulimia nervosa haben das Ziel, das gezügelte Essverhalten zu verändern, nicht einfach die Essanfälle oder das Erbrechen zu reduzieren.[62]

Das Therapieziel der Binge-Eating-Disorder ist in erster Linie die Bewältigung der Essstörung. Die Gewichtsreduktion steht erst an zweiter Stelle.[63]

Die Therapieziele bei der Adipositas werden hauptsächlich den AGA-Leitlinien (Arbeitsgemeinschaft Adipositas im Kindes- und Jugendalter →Informationsdienst für Ernährung) zugeordnet.

Diese sind:

1. Langfristige Gewichtsreduktion (=Reduktion der Fettmasse) und Stabilisierung.
2. Verbesserung der Adipositas-assoziierten Komorbidität.
3. Verbesserung des aktuellen Ess- und Bewegungsverhaltens des Patienten unter Einbeziehung seiner Familie. Erlernen von Problembewältigungsstrategien und langfristiges Sicherstellen von erreichten Verhaltensänderungen.
4. Vermeiden von unerwünschten Folgeerscheinungen.
5. Förderung einer normalen körperlichen, psychischen und sozialen Entwicklung und Leistungsfähigkeit.[64]

---

[60] Vgl. Bundeszentrale für gesundheitliche Aufklärung, „Essstörungen – Leitfaden für Eltern, Angehörige, Partner, Freunde, Lehrer und Kollegen", BZgA Köln
[61] Vgl. Gudrun Dörflinger, „ Essstörungen und die Notwendigkeit einer Therapie", VDM Verlag Dr. Müller, Saarbrücken 2007, S.65
[62] Vgl. Ina Nass, „Bulimie im Jugendalter-Ursachen, Folgen und Präventionsmaßnahmen", VDM Verlag Dr. Müller, Saarbrücken 2007, S.87
[63] Vgl. Munsch, „Binge Eating – Kognitive Verhaltenstherapie bei Essanfällen", Beltz Verlag, Weinheim und Basel 2003, Seite 53
[64] vgl.: Reinher, Thomas; Therapeutische Ansätze aus medizinischer Sicht, In: Bewegungsmangel und Fehlernährung bei Kindern und Jugendlichen; Deutscher Ärzte-Verlag; Köln 2007; 1.Auflage; S. 150 f

6.2 Therapiedauer

Die Dauer einer Therapie ist von verschiedenen Faktoren abhängig. Die Dauer eines stationären Aufenthaltes wird von den einzelnen Kliniken festgelegt. Die Dauer der ambulanten Therapie hingegen richtet sich ganz nach Art der Therapie, da die Zeitintensivität einer Psychoanalyse wesentlich höher ist als die einer Verhaltenstherapie.[65]

Bei der stationären Therapie unterscheidet man zwischen der Kurzzeittherapie (6-8 Wochen), der Langzeittherapie (3-6 Monate) und der teilstationären Behandlung wobei die Betroffenen tagsüber in der Klinik (Tagesklinik) sind und ansonsten in ihrem gewohnten Umfeld leben.

Grundsätzlich sollte jegliche Therapie individuell abgestimmt sein und nach Möglichkeit über einen langfristigen Zeitraum verlaufen.

6.3 Kostenübernahme

Entscheidend für die Festlegung der Therapiedauer ist jedoch auch das Kriterium der Finanzierbarkeit.[66] Hierbei ist es so, dass die Gruppentherapie von der Krankenkasse übernommen wird. Allerdings liegt die eigentliche Behandlung bei ca. 10 Monaten, in der Regel sind jedoch nur noch 36 Tage Kassenleistung. Die restliche Therapie folgt danach ambulant. Wichtig ist vor allem, dass die Kostenübernahme vor Beginn der stationären Therapie sicher gestellt ist. Kostenträger können Rentenversicherungsträger, Krankenkasse oder das Sozialamt sein. Dies entscheidet sich nach Versicherungsstand und Dringlichkeit der Behandlung in jedem Einzelfall neu.[67]

Die Teilnahme an Selbsthilfegruppen ist in der Regel kostenlos. In einigen Fällen wird jedoch ein geringer Kostenbeitrag erhoben.

6.4 Therapieansätze

Eine Behandlung, die sich nur auf die körperlichen Symptome der Betroffenen konzentriert, kann natürlich nicht die Sucht selbst beseitigen. Magersüchtige Patientinnen, die in einem Krankenhaus künstlich ernährt werden, haben dadurch

---

[65] Vgl. Gudrun Dörflinger, „ Essstörungen und die Notwendigkeit einer Therapie", VDM Verlag Dr. Müller, Saarbrücken 2007, S. 68
[66] Vgl. Gudrun Dörflinger, „ Essstörungen und die Notwendigkeit einer Therapie", VDM Verlag Dr. Müller, Saarbrücken 2007, S. 68
[67] Vgl. Bundeszentrale für gesundheitliche Aufklärung, „Essstörungen – Leitfaden für Eltern, Angehörige, Partner, Freunde, Lehrer und Kollegen", BZgA Köln

noch lange nicht ihre Eßverhalten geändert und erleiden nach der Entlassung oft sofortige Rückfälle.

Die Anorexia nervosa, die Bulimia nervosa und das Binge-Eating werden häufig gemeinsam behandelt.

Eine der wichtigsten Behandlungsmethoden ist das psychotherapeutische Verfahren. Dieses Verfahren beinhaltet mehrere Bausteine. Die meist angewandten und bekanntesten sind Psychoanalyse, Verhaltenstherapie, Familientherapie, Gruppentherapie, Ernährungstraining, Bewegungstraining und Organmedizinische Therapie. Unter diesen Methoden versteht man folgendes:

Psychoanalyse:
Die Psychoanalyse ist von Siegmund Freud begründet worden und meist viel zeitaufwendiger als eine Verhaltenstherapie. Diese Therapieform orientiert sich am Verhalten. Darüber hinaus führt sie jedoch sehr weit und sehr ausführlich in die Kindheit zurück, in die Träume, ins Unterbewusste. Dahinter steckt die Idee, gleichsam an die Wurzel des Übels zu gehen: Erst wenn unterbewusste Blockaden und traumatische Erlebnisse hervorgeholt und bearbeitet werden, können sich auch die Probleme im Alltag auflösen. Wenn ein traumatisches Erlebnis - beispielsweise ein sexueller Missbrauch - einmal gründlich aufgearbeitet wurde, ist die Chance viel größer, dass einen die Erinnerung daran nicht mehr in Träumen oder in bestimmten Situationen einholt.[68]

Verhaltenstherapie:
Die Verhaltenstherapie geht davon aus, dass alle Betroffenen durch bestimmte Erfahrungen und Situationen geprägt wurden, die ihr Verhalten maßgeblich beeinflusst haben - weil es eben so und nicht anders gelernt wurde. Ausgehend davon beschäftigt sich diese Therapieform in erster Linie mit dem aktuellen Verhalten der Betroffenen. Am Anfang der Therapie steht eine Diagnosephase, das heißt, Therapeut und Klient versuchen herauszufinden, in welchen Bereichen die größten Probleme liegen. Darauf hin werden kurz-, mittel- und langfristige Ziele gesetzt. Ein typisches kurzfristiges Ziel zu Beginn der Therapie ist beispielsweise, die Zahl der Essanfälle zu reduzieren. Gemeinsam wird besprochen, wie die zum Teil sehr festgefahrenen Verhaltensmuster geändert werden können und wie mit problematischen Situationen anders umgegangen werden kann. Andere Probleme, wie mangelnde Selbstsicherheit oder die Scheu bei sozialen Kontakten, werden

---

[68] Vgl. Gudrun Dörflinger, „ Essstörungen und die Notwendigkeit einer Therapie", VDM Verlag Dr. Müller, Saarbrücken 2007, S. 72

durch Gespräche und Übungen, zum Beispiel Rollenspiele angegangen. Des Weiteren werden bei dieser Therapieform andere Konzepte wie Kommunikationstheorien, Entspannungstechniken und Systemtheorien eingebracht. Diese sollen unter anderem Gefühle, Einstellungen und psychosomatische Symptome verändern Auch über die Paarbeziehung und die Familie wird gesprochen, in diesem Zusammenhang können eventuell familientherapeutische Methoden angewandt werden. So können zum Beispiel zu einzelnen Gesprächen die Angehörigen hinzugezogen werden.[69]

Familientherapie:

Die Familientherapie ist sinnvoll bei jungen Betroffenen, die noch zuhause bei ihren Eltern leben und darüber hinaus immer dann, wenn Strukturen und Beziehungen in der Familie zur Entstehung oder Aufrechterhaltung der Ess-Störung beitragen. Auch in der Einzeltherapie können systemische und Familientherapeutische Methoden zur Anwendung kommen, um sich die Beziehungen in Familien/System zu verdeutlichen. Eine Familientherapie beschäftigt sich mit dem (Familien-)System. Essstörungen lassen Eltern und Geschwister nicht unberührt, und wie anderen Familienmitglieder reagieren, kann wiederum dazu beitragen, dass sich das Essverhalten normalisiert oder aber die Ess-Störung verschlimmert wird. Daher werden bei einer Familientherapie alle Personen einbezogen, die mit dem Problem zu tun haben. Gearbeitet wird an den Beziehungen zwischen den Familienmitgliedern und an den Stärken und Kompetenzen der Familie, die dazu beitragen können, Probleme in Zukunft konstruktiv zu lösen und nicht über eine Essstörung.[70]

Gruppentherapie:

In einer Gruppentherapie fördert die ähnliche Problematik aller Teilnehmerinnen das Gefühl, in der Sucht nicht alleine zu sein. Die Selbstexploration wird gefördert; man hat die Möglichkeit, sich in den Geschichten der anderen selbst wieder zu entdecken. Das Verständnis untereinander und die gegenseitige Hilfe wirken sich positiv auf den Therapieverlauf aus. Die Gruppe stellt häufig das Gegengewicht zu den sehr engen und verstrickten Beziehungen innerhalb der Familie dar.[71]

Der Leiter der Gruppe hält sich bei den Treffen aus dem Geschehen heraus, bezieht jedoch Stellung wenn seine Meinung gefragt ist. Des Weiteren teilt er Auffälligkeiten im Gruppenprozess mit.

---

[69] Vgl. Gudrun Dörflinger, „ Essstörungen und die Notwendigkeit einer Therapie", VDM Verlag Dr. Müller, Saarbrücken 2007, S. 74
[70] Vgl. Gudrun Dörflinger, „ Essstörungen und die Notwendigkeit einer Therapie", VDM Verlag Dr. Müller, Saarbrücken 2007, S.79 ff

Selbsthilfegruppen:

Selbsthilfegruppen fördern den Informationsaustausch einzelner Betroffener untereinander. Gerade Informationen über Behandlungsmöglichkeiten regen oftmals dazu an, eine Therapie zu beginnen. Des Weiteren bietet die Gruppe eine Unterstützung beim erlernen neuer Verhaltensweisen oder bei dem Durchhalten dieser. Aber auch ein Feedback, welches von einem anderen Betroffenen gegeben wird, ist dadurch oftmals viel wirksamer.

Selbsthilfegruppen leben von der Mitarbeit und der Aktivität aller Teilnehmenden.

Ernährungstraining:

Ein praktisches Esstraining ist in der Behandlung Essgestörter unverzichtbar. Bei diesem sollen „normale" Enährungsgewohnheiten und der Umgang mit Nahrungsmitteln vermittelt werden. Essgestörte Patienten sollen sich unter Anleitung aktiv mit den einzelnen Nahrungsmitteln auseinander setzten, diese selbst einkaufen und zubereiten. Beim anschließenden gemeinsamen Essen der zubereiteten Speise soll beispielsweise das Portionieren einer „normalen" Mahlzeit gelernt werden.

Bewegungstraining:

Erfordert die Behandlung der Essstörung bzw. der Adipositas die Reduktion des Gewichtes, so ist es erforderlich ein Bewegungstraining in die Therapie mit aufzunehmen. Unter anderem führt das Sportprogramm auch zu dem Anstieg des Grundumsatzes und der Regulation des Appetits. Des Weiteren wird die Körperwahrnehmung eines jeden Patienten durch das Bewegungstraining verbessert. Durch das Angebot verschiedenster Sport- und Bewegungsarten ist es möglich die für sich passende bzw. geeignete zu finden.[72]

Organmedizinische Therapie:

Die somatischen (körperlich) Auswirkungen können durch Medikamente teilweise behoben werden und zu einer raschen Linderung der Beschwerden beitragen. Aber auch bei Depressionen können Medikamente als zusätzliche Unterstützung eingesetzt werden. Die Medikamente können demnach als Unterstützung eingesetzt werden. Es werden häufig Antidepressiva verschrieben, die die Niedergeschlagenheit und depressive Verstimmung verringern soll.[73]

---

[71] Vgl. Stier und Weissenrieder, „ Jugendmedizin – Gesundheit und Gesellschaft", Springer Verlag, Heidelberg 2006, Seite 228
[72] Vgl. Warschburger, Petermann, Fromme, „Adipositas – Training mit Kindern und Jugendlichen", Beltz Verlag, Basel 2005, S.48
[73] Vgl. Rolf Meermann und Ernst-Jürgen Borgart, „Essstörungen: Anorexie und Bulimie", Kohlhammer, Stuttgart 2006, S.128

Zur organmedizinischen Therapie gehören auch chirurgische Eingriffe wie beispielsweise Magenband, Magenbeipass oder Schlauchmagen.[74]

Bei der Anorexia nervosa wird als psychotherapeutische Methode zum einen die Psychoanalyse und zum anderen die Verhaltenstherapie angewandt. Auch die Familientherapie und die Gruppentherapie können zum Einsatz kommen.
Ein Ernährungstraining, welches den normalen Umgang mit Nahrungsmitteln vermitteln soll ist unerlässlich.
Ein Bewegungstraining wird oftmals zur Körperwahrnehmung durchgeführt. Hierbei handelt es sich dann allerdings um ruhige Bewegungen wie beispielsweise ChiGong.

Die psychotherapeutischen Methoden bei der Bulimia nervosa sind ebenfalls die Psychoanalyse und die Verhaltenstherapie. Da die Krankheit oft erst durch Schwierigkeiten innerhalb der Familie ausgelöst wird, ist es sinnvoll die Familientherapie mit in die Behandlung einzubeziehen. Des Weiteren hat sich die Gruppentherapie bewährt.
Das Ernährungstraining hat auch bei der Behandlung dieser Essstörung einen hohen Stellenwert.
Das Bewegungstraining kann eine Hilfe bei der Therapie darstellen.
Im Gegensatz zu der Anorexia nervosa kann bei der Bulimia nervosa die Zugabe von Psychopharmaka die psychotherapeutischen Ergebnisse verbessert und Rückfallquoten verringert werden.

Die Verhaltenstherapie ist eine der psychotherapeutischen Methoden bei der Binge-Eating-Disorder. Besonders erfolgsversprechend ist die Behandlung in Form von Gruppentherapie.
Ernährungs- und Bewegungstraining sind unerlässlich.

Die Therapieangebote für die Adipositas sind zahlreich. Viele richten sich nach den Leitlinien der AGA und der Deutschen Adipositasgesellschaft (DAG).
Die Therapie der Adipositas basiert auf fünf Säulen: Ernährung, Bewegung, Verhalten, Medikamente und Operation.
Die verhaltenstherapeutische Behandlung der Adipositas ist anderen psychologischen Interventionsverfahren überlegen. Diese Form der Therapie geht davon aus, dass ungünstiges Ess- und Bewegungsverhalten erlernt ist und neues, angemessenes Verhalten erlernt werden muss. Dabei ist die Einbindung der Familientherapie oftmals von Vorteil.

---

[74] Vgl. Warschburger, Petermann, Fromme, „Adipositas – Training mit Kindern und Jugendlichen", Beltz Verlag, Basel 2005, S.37

Ein wichtiger Baustein der Adipositasbehandlung ist das Ernährungstraining, bei dem allerdings auf eine langfristige Ernährungsumstellung hingearbeitet wird. Diäten werden eingesetzt um eine negative Energiebilanz bei den Betroffenen zu erzielen. Reine Diätkuren sind zwar kurzfristig erfolgreich, die Gewichtsreduktion kann jedoch meist nicht aufrechterhalten werden. Die Bewegungstherapie ist ein besonders wichtiger Baustein für die Behandlung der Adipositas.[75] Sportliche Aktivitäten in der Adipositastherapie dienen der Steigerung des Energieumsatzes. Gleichzeitig werden der Abbau von Fett- und der Aufbau von Muskelgewebe gefördert, Ausdauer und Kondition erzielt, die Leistungsfähigkeit gesteigert, Erfolgserlebnisse durch körperliche Aktivität ermittelt und das allgemeine Wohlbefinden und die Körperwahrnehmung verbessert.

Die Pharmakotherapie und Chirurgie spielen bei Kindern und Jugendliche eine untergeordnete Rolle. Eine Pharmakotherapie der Adipositas ist generell umstritten und nur dann „überlegenswert", wenn eine hohe Komorbität besteht und verhaltenstherapeutische Maßnahmen keine ausreichende Wirkung zeigen. Chirurgische Eingriffe gelten nur bei massiver Adipositas mit zwingender Indikation zur Gewichtsabnahme als angemessen.

Am Münchner TCE (Therapie-Centrum für Essstörungen) hat Monika Gerlinghoff ein eigenes, kognitiv-verhaltenstherapeutisch ausgerichtetes Therapiekonzept entwickelt. Behandelt werden ausschließlich Patientinnen und Patienten mit einer Essstörung (Anorexia nervosa, Bulimia nervosa und Binge-Eating-Störung) im Alter von 15 bis 23 Jahren. Die Therapie wird in Phasen geteilt. Die viermonatige tagklinische Phase, die viermonatige ambulante Phase. Die Behandlung erfolgt überwiegend in Gruppen. Die Eltern werden mit einbezogen, es wird jedoch keine Familientherapie durchgeführt. Das Programm ist kognitiv-verhaltenstherapeutisch orientiert und wird überwiegend in Gruppen praktiziert. Es ist inhaltlich und zeitlich strukturiert und in aufeinander folgende Phasen gegliedert: **Motivationsphase, Tagklinische Phase, Selbstmanagementphase, Stabilisierungsphase**.

Das Therapieangebot ist aus folgenden Bausteinen zusammengesetzt: Ernährungstherapie mit Essprogramm, Psychoedukation (verhaltenstherapeutische Gruppentherapie), Kreative Therapie, Körperwahrnehmungstherapie,

---

[75] Vgl. Stier und Weissenrieder, „ Jugendmedizin – Gesundheit und Gesellschaft", Springer Verlag, Heidelberg 2006, Seite 239,

Selbstmanagement, Selbstsicherheitstraining–Öffentlichkeitsarbeit, Therapeutisches Wohnprogramm.[76]

Die Therapie aller Störungsformen kann sowohl ambulant als auch stationär erfolgen. Bei einer stationären Behandlung muss allerdings begründet werden warum die ambulante nicht möglich ist.

6.4.1   Ambulant

Die ambulante Therapie kann vor der stationären Therapie wertvolle Hilfe, wie beispielsweise bei Krisen oder zur Motivationsförderung, leisten. Auch nach der stationären Behandlung kann sie eine Unterstützung darstellen. Aufgrund dessen kann die Kombination beider Therapieformen von Vorteil sein.[77]

Die ambulante Therapie kann Einzel-, Gruppen- und Familientherapie umfassen. Das die Betroffenen im gewohnten sozialen Umfeld verbleiben und Angehörige einbezogen werden können ist von Vorteil. Des Weiteren können die in der Therapie gelernten Verhaltensveränderungen im Alltag ausprobiert werden.

Positiv zu beurteilen sind die geringeren Behandlungskosten für die ambulante Therapie.[78]

6.4.2   Stationär

Hauptsächlich wird die stationäre Behandlung in psychosomatischen Kliniken durchgeführt. In diesen Kliniken gibt es eine spezielle Therapie für Essgestörte.

Der Abstand zum gewohnten sozialen Umfeld und die Konzentration auf den Veränderungsprozess während der stationären Behandlung, sind unter anderem die Vorteile dieser Therapieform. Eine Veränderung der festgefahrenen Verhaltensgewohnheiten wie z.B. Essen, Kochen und Bewegung ist meist nur in Verbindung mit einer stationären Therapie möglich. Die große Auswahl verschiedenster therapeutischer Angebote kann durch die enge Zusammenarbeit von unterschiedlichen Fachleuten (Psychotherapeuten, Ergotherapeuten, Ernährungsberater) angeboten werden.[79]

---

[76] http://www.t-c-e.de/
[77] Vgl. Bundeszentrale für gesundheitliche Aufklärung, „Essstörungen – Leitfaden für Eltern, Angehörige, Partner, Freunde, Lehrer und Kollegen", BZgA Köln
[78] Vgl. Bundeszentrale für gesundheitliche Aufklärung, „Essstörungen – Leitfaden für Eltern, Angehörige, Partner, Freunde, Lehrer und Kollegen", BZgA Köln
[79] Vgl. Bundeszentrale für gesundheitliche Aufklärung, „Essstörungen – Leitfaden für Eltern, Angehörige, Partner, Freunde, Lehrer und Kollegen", BZgA Köln

Therapiebausteine sind unter anderem die Verhaltenstherapie, Ernährungstherapie und Kunsttherapie. Auch Ergotherapie und Bewegungstraining werden angeboten.[80]

6.4.3 Wohngruppe

Wenn eine teilstationäre oder ambulante Therapie allein aus medizinischen und/oder psychiatrischen Gründen nicht ausreicht, besteht die Möglichkeit der Unterbringung in einer therapeutischen Wohngruppe. Diese haben sich als sehr gute Unterstützung erwiesen. Die Gründe für die Aufnahme in eine Wohngruppe sind unter anderem schwere der medizinischen Komplikationen, deutliche Defizite in der Persönlichkeitsentwicklung oder stärkere soziale Isolierung.

Die Wohngruppe wird von einem eigenen Therapeutenteam betreut.

Die therapeutischen Maßnahmen, innerhalb dieser Wohngruppen, finden zusätzlich zu den Aktivitäten der tagklinischen oder ambulanten Therapie statt. Ziele dieser Therapiemaßnahme sind unter anderem eigenverantwortliches Leben lernen außerhalb der Familie, Erlernen von sozialen Kompetenzen sowie Gestaltung der Freizeit.

Das bereits vorgestellte Münchner Therapie-Centrum für Essgestörte bietet solch eine Wohngruppe an.[81]

7. Grenzen der Therapie

7.1 Problematiken

Grenzen einer ambulanten Therapie können Komorbiditäten mit Suchtmittelmissbrauch oder Abhängigkeit, akute Mangelerscheinungen aber auch Suizidalität sein. Besonders bei festgefahrenen und ritualisierten Ess- und Kochgewohnheiten hat die ambulante Therapie keinen Erfolg. Bei einem Fortschreiten der Essstörung zur Lebensbedrohlichkeit ist die ambulante Therapievariante aussichtslos.[82]

Bei der stationären Therapie werden die Betroffenen zunächst aus ihrem gewohnten Umfeld genommen. Das familiäre und soziale Umfeld rückt dadurch ein ganzes Stück in den Hintergrund. Nach dem Beenden des stationären Aufenthaltes sind diese jedoch plötzlich wieder präsent, das Verfallen in alte Verhaltensmuster nimmt seinen Lauf.

---

[80] Vgl. Gerlinghoff M., Backmund H. „Von der Therapie zur Prävention", Gesundheitswesen 2003; 65 Sonderheft 1: S. 23
[81] Vgl. Gerlinghoff M., Backmund H. „Von der Therapie zur Prävention", Gesundheitswesen 2003; 65 Sonderheft 1: S. 24
[82] Vgl. Bundeszentrale für gesundheitliche Aufklärung, „Essstörungen – Leitfaden für Eltern, Angehörige, Partner, Freunde, Lehrer und Kollegen", BZgA Köln

Das Verweigern der Mitarbeit und fehlende Motivation zur Therapie sind entscheidende Punkte zum Fehlschlagen jeder Therapieform, da diese zwingend notwendig ist. Häufig kommt es zum Abbruch einer Therapie.

Oftmals haben Patienten unrealistische Ziele vor Augen, bei denen es ihnen nicht möglich ist sie zu ändern. Diese setzen der Therapie Grenzen.[83]

7.2 Rückfallquoten / Statistiken

Bei der Magersucht schaffen es meist die Hälfte der Patienten langfristig die Krankheit zu überwinden. Immerhin ein Drittel bis ein Viertel der Patienten schafft es soweit, dass sie ein sozial angepasstes Leben führen können. Die restlichen Patienten schaffen es nicht aus der Magersucht heraus und bleiben somit chronisch krank. Die Sterblichkeitsrate bei dieser Esskrankheit liegt in den ersten Krankheitsjahren bei 6%. Sie hat damit die höchste Sterblichkeitsrate.

Bei der Bulimia nervosa liegt die Rückfallquote in den ersten beiden Verlaufsjahren bei ein Drittel. Sie verringert sich jedoch nach ca. 10 Jahren. Bei 25 bis 50 % der Patienten verläuft die Krankheit chronisch. Die Sterblichkeit liegt bei dieser Essstörung bei 1-3%.

Binge-Eating Patienten bekommen häufig von Ärzten Diäten verschrieben. Zwei von Drei dieser Patienten erreichen nach ca. sieben Monaten wieder ihr Ausgangsgewicht.[84] Auch Adipositas Patienten machen Diäten durch und auch hier ist die Rückfallquote auf ihr Ausgangs- oder einem darüber liegenden Gewicht sehr hoch.

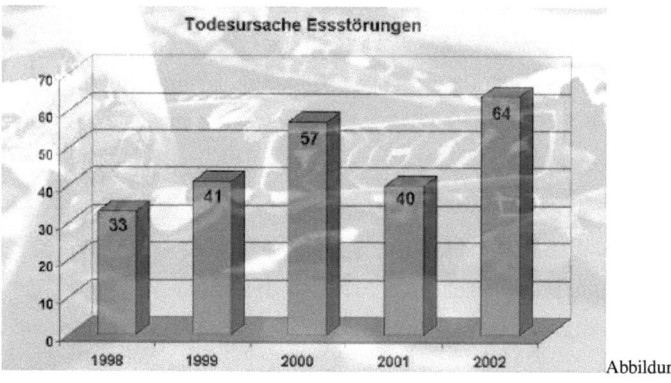

Abbildung [85]

---

[83] Vgl. Rolf Meermann und Ernst-Jürgen Borgart, „Essstörungen: Anorexie und Bulimie", Kohlhammer, Stuttgart 2006, S.79
[84] Vgl. BZgA, „essstörungen…was ist das?", www.bzga-essstoerungen.de
[85] Gesundheitsberichterstattung des Statistischen Bundesamtes

Laut Todesursachenstatistik des Statischen Bundesamtes hat sich die Zahl der aufgrund einer Essstörung (Magersucht, Ess-Brech-Sucht) verstorbenen Menschen (hier aus 100.000 Bürgern) in den vergangenen fünf Jahren fast verdoppelt. (Quelle: Gesundheitsberichterstattung des Statistischen Bundesamtes)

8. <u>Fazit</u>

Essstörungen sind nach wie vor auf dem Vormarsch. Erschreckend sind die Zahlen der neu erkrankten. Deutlich wird dadurch, dass all die Informationsmaterialien nicht für das frühzeitige Erkennen und Abwenden einer Ernährungsstörung ausreichen. Abschließend kann man sagen, dass es einige Therapieangebote gibt. Diese werden leider nicht immer, bis selten so genutzt und angenommen, wie es sein sollte.

Anhand der Rückfallquoten lässt sich folgende Frage stellen: „Warum kommt es zu diesen Zahlen und liegt dies eventuell daran, dass die Therapie einige Mängel aufweist?"

9. Literaturverzeichnis

- Rettenwander A.; *Anorexia nervosa – und subjektive Krankheitstheorien,*
- Logos Verlag, Berlin 2005
- Meermann R., Borgart E.-J.; *Essstörungen: Anorexie und Bulimie – Ein kognitiv-verhaltenstherapeutischer Leitfaden für Therapeuten,*
- Kohlhammer GmbH, Stuttgart 2006, 1. Aufl.; mit CD-Rom
- Nass I.; *Bulimie im Jugendalter – Ursachen, Folgen und Präventionsmaßnahmen,* VDM Verlag Dr. Müller e. K. und Lizenzgeber, Saarbrücken 2007
- Bauer B.G., Anderson W.P., Hyatt R.W.; *Bulimie – Behandlungsanleitung für Therapeuten und Betroffene,*
- Beltz Verlag, Weinheim, Basel 2002
- Warschburger, Petermann, Fromme; *Adipositas – Training mit Kindern und Jugendlichen,*
- Beltz Verlag, Weinheim, Basel 2005, 2. Aufl.; mit CD-Rom
- Tuschen-Caffier B., Pook M., Hilbert A.; *Diagnostik von Essstörungen und Adipositas,*
- Hogrefe Verlag, Göttingen 2005
- Munsch; *Binge Eating – Kognitive Verhaltenstherapie bei Essanfällen,*
- Beltz Verlag, Weinheim, Basel, Berlin 2003, 1. Aufl.
- Dörflinger G.; *Essstörungen und die Notwendigkeit einer Therapie – Wenn der Hunger nicht mehr aufhört,*
- VDM Verlag Dr. Müller e. K. und Lizenzgeber, Saarbrücken 2007
- Herzog, Munz, Kächele; *Essstörungen – Therapieführer und psychodynamische Behandlungskonzepte,*
- Schattauer GmbH, Stuttgart 1996, 2004
- Vogelgesang M., Schuhler P., Zielke M.; *Essstörungen – Klinische Behandlungskonzepte und praktische Erfahrungen,*
- Pabst Science Publishers, Lengerich 2005
- Moggi F.; *Doppeldiagnosen – Komorbidität psychischer Störungen und Sucht,* Verlag Hans Huber, Bern 2002/2007, 2. Aufl.
- Kunze U.; *Präventivmedizin, Epidemiologie und Sozialmedizin,*
- Facultas Verlags- und Buchhandels AG, Wien 2004, 3. Aufl.
- Schwarzer W.; *Lehrbuch der Sozialmedizin – für Sozialarbeit, Sozial- und Heilpädagogik,*

- borgmann Verlag, Dortmund 2002, 4. Aufl.

- http://www.onmeda.de/krankheiten

- http://www.aerzteblatt.de/v4/archiv/treffer.asp?archivSchlagwort1=Essst%F6ru ng

- http://www.bzga-essstoerungen.de/index.htm

- www.vitanet.de

- http://www.gesundheitspro.de

- http://www.t-c-e.de/

- www.ernaehrung.de

- **http://www.t-c-e.de/**

Abbildungsverzeichnis

- selbst erstellte Darstellung

- http://www.roche.de/pharma/indikation/adipositas/hgi_06.htm?sid=e84d67049 02bb52659c7b689f03ffca8

- Aid Infodienst Verbraucherschutz, Ernährung, Landwirtschaft e.V.; http://www.aid.de/downloads/bmi_perzentil_m.pdf

- Aid Infodienst Verbraucherschutz, Ernährung, Landwirtschaft e.V.; http://www.aid.de/downloads/bmi_perzentil_m.pdf

- Gesundheitsberichterstattung des Statistischen Bundesamtes